1904

LE
NID D'OISEAUX,

OU

PETIT ALPHABET AMUSANT,

Contenant une description succinte des principaux Oiseaux de la France.

DEUXIÈME ÉDITION,

REVUE ET CORRIGÉE.

PARIS.

A LA LIBRAIRIE D'ÉDUCATION
D'ALEXIS EYMERY, rue Mazarine, n. 30.
1817.

E e	*E e*
F f	*F f*
G g	*G g*
H h	*H h*

I i J j	*I i J j*
K k	*K k*
L l	*L l*
M m	*M m*

N n	*N n*
O o	*O o*
P p	*P p*
Q q	*Q q*

R r	*R r*
S s	*S s*
T t	*T t*
U u	*U u*

V v	*V v*
X x	*X x*
Y y	*Y y*
Z z	*Z z*

SYLLABAIRE.

Première Leçon.

ba	be	bi	bo	bu
ca	ce	ci	co	cu
da	de	di	do	du
fa	fe	fi	fo	fu
ga	ge	gi	go	gu
ha	he	hi	ho	hu
ja	je	ji	jo	ju
ka	ke	ki	ko	ku
la	le	li	lo	lu

me me mi mo mu
na ne ni no nu
pa pe pi po pu
qua que qui quo qu
ra re ri ro ru
sa se si so su
ta te ti to tu
va ve vi vo vu
xa xe xi xo xu
za ze zi zo zu

Seconde Leçon.

Dieu—loi—roi—tout—vous—nous—moi—mon—pas—poingt—bois fer—or—pain—vin—sel—bien—nuit—jour—ciel—camp—louis—bon—mal—sec—mon—sac—pot—mieux—œil—sœur.

Pè re—mè re—en fant—sa ge—bon bon—mé chant—ge nou—mou ton—dou ceur—ma tin—bon jour—sou per—pri er—bon soir—de main—tou jours.

Troisième Leçon.

Sa ges se—ca res se—tur bu lant—cor ri ger—pro pre té—lou an ge—lec tu re—i ma ge—im pru dent—brû lu re—en tê té—si len ce—cu ri eux—im po li—dé jeu ner—a bri cot.

Gour man di se—pu ni ti on—do ci li té—ai ma ble—ra quet te—ré cré a ti on—pro me na de—hon nê te té—sa ga ci té—rai son ne ment—ex tra va gan ce—ré pri man de—tem pé ra ment—so bri é té—di vi ni té—sur veil lan ce.

AIGLE ROYAL,

OU

LE ROI DES OISEAUX.

C'est le plus grand, le plus beau de tous les Aigles; il est, dit Buffon, d'espèce franche et de race noble. On ne le trouve en France que dans les montagnes du Bugey. Sa longueur est d'environ trois pieds et demi; son bec, ses ongles sont crochus et formidables. Il a le corps robuste, les jambes et les ailes fortes, les plumes rudes, l'attitude fière, le vol rapide, la vue perçante. Sa figure répond à son naturel, qui est féroce. C'est de tous les oiseaux celui qui s'élève le plus haut. Il emporte aisément les oies, les lièvres, les agneaux; il attaque aussi les veaux, les déchire, et en emporte les débris dans son aire; c'est ainsi qu'on nomme son nid. La durée de sa vie est de plus de cent ans.

BOUVREUIL.

Le Bouvreuil est gentil; il siffle assez bien les airs qu'on lui apprend lorsqu'il est en cage; mais je ne l'aime pas quand il jouit de sa liberté, parce qu'il est friand, et que par son défaut il cause un grand dommage aux fruits de nos jardins. Il dévore sans pitié les premiers boutons qui précèdent les fleurs et les fruits.

BUSE.

La Buse est un oiseau de proie ; la longueur de son corps est d'une vingtaine de pouces, et ses ailes déployées présentent environ quatre pieds d'envergure. La Buse est de couleur blanche variée de brun. Cet oiseau est stupide et paresseux ; il ne quitte point nos forêts, où il reste quelquefois une journée entière perché sur le même arbre. Mais c'est assez vous entretenir d'un oiseau dont le nom se donne aux enfans qui ne possèdent aucune bonne qualité. Vous savez qu'on dit du petit Justin, qui a l'air si bête, que *c'est une buse.*

COQ.

A la beauté de sa taille, à la fierté de sa démarche, aux deux membranes charnues qui lui pendent sous la gorge, à la vivacité de son regard, à la variété de ses couleurs, reconnaissez le Coq, cet oiseau domestique qui nous est si utile, et que tous les jours dans nos basse-cours vous regardez d'un œil indifférent. Le Coq est aussi courageux que beau. De tout temps on s'est plu à reconnaître en lui le symbole de la vigilance et des plus nobles qualités. Les peuples de l'antiquité l'avaient consacré au dieu Mars, et les Gaulois nos ancêtres portaient son image sur leurs enseignes. Il chante le jour, la nuit et au lever de l'aurore. Epoux et maître de la poule, qui nous donne les œufs; père de ces petits poulets dont la chair est si délicate, le Coq veille sans cesse sur sa nombreuse famille, qu'il défend et protége. Il vit une quinzaine d'années.

CYGNE.

Le Cygne est un des plus beaux oiseaux connus; ses formes sont admirables, son port majestueux, sa blancheur éclatante. Son caractère est aussi doux que sa beauté est parfaite. Voyez-le voguer dans nos bassins; il paraît avoir été créé pour les embellir et pour offrir aux premiers hommes le modèle du premier vaisseau. En effet son cou élevé et sa poitrine arrondie figurent la proue d'un navire, son estomac en représente la carène, son corps penché en avant pour filer sur l'eau se redresse à l'arrière et se relève en poupe, sa queue est le gouvernail, ses pieds sont les rames, et ses ailes déployées les voiles enflées par le vent qui poussent ce vaisseau vivant, navire et pilote à la fois. Le Cygne est originaire des pays du nord. Il vit plus d'un siècle. De son duvet, qui est d'une grande finesse, on fait des manchons et d'autres fourrures estimées.

DINDON.

De tous les oiseaux de nos basses-cours le Dindon est le plus lourd et le plus stupide. Il ne prend une attitude fière que lorsqu'il est animé par la colère. Pendant sa vie il ne rend aucun service ; mais sa chair, qui est fort bonne, dédommage après sa mort des soins qu'on lui a donnés. Les Dindons sont originaires d'Amérique. Là, dans leur primitive patrie, on les retrouve dans l'état sauvage. La liberté ne leur donne pas plus d'activité ; seulement ils sont plus gros, plus noirs, mais aussi stupides, aussi indolens, et par conséquent aussi peu aimables que chez nous. L'on se plaint presque de la bêtise du Dindon, et l'on ne fait pas attention que si la nature eût départi à cet oiseau plus d'instinct et plus d'esprit, il ne se serait pas laissé si facilement asservir.

ÉTOURNEAU.

L'Étourneau est remarquable par la beauté de son plumage, qui est d'un noir nuancé de pourpre et de vert. Il est de la grosseur d'un merle. Cet oiseau chérit la société de ses semblables; cependant il est docile lorsqu'on le prive de sa liberté; il apprend même à répéter quelques mots. L'Étourneau a des qualités agréables, et je l'aimerais assez s'il n'était pas gourmand.

FAUCON.

Le Faucon est un oiseau de proie, plein de courage et bon chasseur. Les hommes, qui ont dompté tous les animaux, ont aussi apprivoisé le Faucon pour le faire servir à leurs plaisirs. La chasse au Faucon, fort en usage autrefois, était la chasse favorite des princes. A force d'art et de privations, on parvient à dresser le Faucon à se tenir sur le poing de son maître, et à sauter de là sur l'oiseau victime. Le Faucon n'habite que les pays montagneux ; celui qui est naturel en France est gros comme une poule ; il a environ dix-huit pouces de longueur depuis le bout du bec jusqu'à la queue. La couleur de son plumage varie selon qu'il avance en âge. Dans l'état de liberté le Faucon présente à peu près les mêmes habitudes et la même férocité que l'aigle.

FAUVETTE.

Les Fauvettes sont recherchées pour leur chant, qui est assez mélodieux ; mais pour réussir à les élever il faut les prendre dans leurs nids sept à huit jours après leur naissance. Dans l'état de liberté elles s'éveillent avant l'aurore, et animent les bosquets par leur ramage et par leur gaieté. La Fauvette montre beaucoup d'intelligence dans la construction de son nid, composé de crins de cheval tissus avec art.

Le naturel de cet aimable oiseau est gai, vif, agile et léger. Ses mouvemens ont l'air du sentiment et ses accens le ton de la joie.

La Fauvette se plaît dans nos jardins, dans nos champs semés de légumes ; quelquefois vous la voyez se cacher au milieu des roseaux. Ainsi la Fauvette remplit tous les lieux de la terre, et les anime par les doux accens de sa tendre gaieté.

GÉLINOTTE.

La Gélinotte est une espèce de perdrix. Sa chair est si exquise, que les anciens Germains la nommaient *oiseau de César*. Les Gélinottes ne se trouvent que dans quelques provinces de France, telles que les Ardennes, la Lorraine, le Dauphiné. On les prend au filet en contrefaisant leur gazouillement. Les mœurs des Gélinottes nous montrent que dans toutes les espèces la nature a voulu que les enfans songeassent de bonne heure à se suffire à eux-mêmes. Lorsque leurs petits sont élevés, ces oiseaux les écartent du lieu de leur naissance, puis les abandonnent, et les contraignent ainsi à former de nouveaux établissemens.

GEAI.

Le Geai est un assez bel oiseau; son plumage, d'un gris foncé et nuancé de bleu, est éclatant. Cet oiseau, un peu moins gros qu'une pie, imite comme elle la voix humaine; comme elle aussi il est voleur; ainsi vous n'aimerez point le Geai, surtout quand vous saurez qu'il est encore fort enclin à l'orgueil et à la colère.

Le bon La Fontaine nous dit dans une de ses fables qu'un jour le Geai s'empara du plumage d'un paon et s'en revêtit; on connut la ruse et il fut *berné*, *sifflé* et *bafoué*. Voici la morale qu'il en tire :

« Il est assez de Geais, à deux pieds comme lui,
» Qui se parent souvent des dépouilles d'autrui... »

HIBOU.

Oh, le vilain oiseau ! C'est un Hibou. Il n'aime que la nuit ; pendant le jour, dont il ne peut supporter l'éclat, il fait des gestes, des grimaces qui le rendent encore plus ridicule qu'il n'est laid, comme cela arrive à tous les êtres qui font des gestes désagréables ou des grimaces. Lorsqu'il est dans une cage on le voit tour à tour lever, baisser, tourner la tête, trépigner des pieds. Le cri de cet oiseau nocturne est alongé et sinistre. Le Hibou est triste et paresseux ; au lieu de se construire un nid, il s'établit dans ceux des autres oiseaux, qui le détestent et le fuient.

JEAN LE BLANC.

Cet oiseau, quoique très-commun en France, n'y est guère connu que des villageois, qui le redoutent parce qu'il fait la guerre aux poules. Il ne s'introduit dans les basses-cours que le soir ou de grand matin. Le nom de Jean *le blanc* lui vient de ce qu'il a plusieurs parties du corps d'une grande blancheur. Sa longueur est d'environ deux pieds. Jean le Blanc est un vilain oiseau, puisqu'il ne vit que de vols et de rapines.

LINOTTE.

Les Linottes sont de la grosseur d'un moineau ; leur plumage n'a rien de remarquable ; mais on aime dans ces oiseaux leur docilité et quelques qualités agréables. Ils ont une assez jolie voix, répètent facilement les airs qu'on leur apprend lorsqu'on les met jeunes en cage ; mais ils ne les retiennent pas long-temps. Ce qui fait dire en parlant d'un homme ou d'une femme qui a peu de sens et de mémoire : *Il a*, ou *elle a une tête de Linotte*. Les nids de Linottes se trouvent fréquemment dans les myrtes et dans les lauriers.

MERLE BLANC.

On dit ordinairement qu'un Merle blanc est aussi rare qu'un enfant parfaitement sage ; on a même soutenu que les deux choses étaient impossibles. Je puis vous assurer du contraire en vous présentant d'abord le petit Auguste comme un modèle à suivre, et ensuite en vous apprenant que le Merle blanc, très-commun en Afrique, n'est pas rare dans les pays de la France qui avoisinent l'Auvergne. Ce Merle, d'une blancheur éclatante, est du reste assez semblable aux autres Merles ; il a, comme eux, la vue perçante ; inquiet, rusé, il recherche la solitude, et évite les piéges que lui tend l'oiseleur. Sa voix est agréable, et sa chair assez bonne.

MARTIN-PECHEUR.

Martin-Pêcheur n'est pas plus gros qu'une alouette ; mais sa robe, nuancée de vert et de bleu, en fait un des plus jolis oiseaux de nos contrées. Il a les jambes si courtes, qu'il ne pose presque point à terre. Il ne se nourrit que de petits poissons, qu'il saisit fort adroitement en rasant la surface des eaux, ce qui lui a fait donner le nom de *Pêcheur*. Les Martins-Pêcheurs ne sont pas communs ; on n'en trouve que dans le voisinage des rivières.

OIE.

néprisez pas les Oies; vous au-
ur elles de la reconnaissance
vous saurez tout ce que nous
avons. L'Oie nous donne des
sa chair est bonne, quoiqu'un
irde : les enfans doivent en man-
:c modération. Le foie de cet oi-
;t un mets exquis. Mais ce qui
t est précieux dans l'Oie, c'est le
qu'elle fournit, et avec lequel on
s coussins, ces oreillers qui com-
nos lits. Ce n'est pas tout encore;
sses plumes de ses ailes nous ser-
écrire. On a d'ailleurs remarqué
Oie avait de l'intelligence; elle
he facilement, reconnaît son maî-
e suit, le caresse. Les Romains
t aux Oies de conserver leur Ca-
, ces oiseaux les ayant avertis de
rche précipitée des Gaulois, qui
ent fondre sur eux. Aussi les Ro-
ont-ils toujours considéré les
omme des oiseaux sacrés.

ORTOLAN.

L'Ortolan est un petit oiseau de passage ; de même que les hirondelles, dès que le froid se fait sentir dans nos contrées il les quitte pour se rendre dans des climats plus chauds. Le beau temps nous le ramène. Les Ortolans se plaisent beaucoup en Bourgogne, où ils s'arrêtent dans les vignes ; ne croyez pas qu'ils touchent au raisin ; ils le protègent au contraire en mangeant les insectes qui pourraient lui nuire. Les Ortolans chantent assez bien ; mais ce n'est qu'à l'exquise délicatesse de leur chair qu'ils doivent toute leur renommée.

Servis à nos tables, vous prendriez un Ortolan pour une boule de beurre de la grosseur d'un œuf. On les attrape moins gras, et ce n'est qu'en les renfermant dans une cage où ils ne voyent point le jour et en les nourrissant bien qu'on parvient à leur faire obtenir cet embonpoint si recherché par les gourmands.

PAON.

Le Paon a la taille grande, les formes élégantes, le port imposant, la démarche fière, la figure noble. Il semble que la nature ait broyé en sa faveur les pierres précieuses pour en former des couleurs qui servissent à peindre son plumage, et à lui faire surpasser en beauté tous les autres volatiles.

Si cet oiseau se fait admirer par l'éclat et le jeu de sa magnifique parure, il cesse de paraître aimable dès qu'on l'entend. Sa voix est forte et son cri blesse l'oreille.

Ses défauts sont la fierté, la vanité, dont il est le symbole.

Il ne suffit pas d'être beau, il faut être aimable : la beauté passe, l'amabilité reste. Le Paon est originaire des Indes orientales.

PIGEON.

Les Pigeons offrent beaucoup de variétés dans leur espèce ; mais toujours, soit dans l'état sauvage, soit dans l'état de domesticité, on peut admirer en eux des qualités essentielles, et qu'on aimerait à retrouver dans tous les êtres. Ces qualités sont l'attachement à ses semblables, la douceur des mœurs, la fidélité réciproque, la propreté, le soin de soi-même, les grâces dans le maintien, des caresses tendres et vraies ; point d'humeur, point de dégoût, point de querelle dans le ménage, une grande union parmi tous les membres de la famille. Les Pigeons ont aussi beaucoup d'intelligence. On en fait de vigilans couriers qui portent à une distance fort éloignée un billet ou une lettre.

R. Rossignol.
S. Soubuse.
T. Tourterelles.
V. Verdier.

ROSSIGNOL.

Le Rossignol est le roi de nos oiseaux chanteurs, et s'il les éclipse tous par son talent, il en est encore le plus modeste, car il semble vouloir cacher sa gloire dans le fond des bois. Vous voyez qu'un simple oiseau peut donner une leçon à bien des enfans. On apprivoise difficilement le Rossignol ; cependant on y parvient à la longue, et l'on découvre alors en lui de nouvelles qualités ; il s'attache à la personne qui prend soin de lui, la reconnaît entre plusieurs autres, et la salue d'un cri de joie. La robe de cet oiseau ne répond pas à son ramage, qui est aussi étonnant qu'admirable.

SOUBUSE.

Je ne vous parle de cet oiseau ignoble que pour vous faire détester les habitudes qui lui sont familières. Il ressemble à la Buse ; stupide comme elle, il est encore plus lâche ; il n'attaque que les faibles. Il se glisse dans nos basses-cours et dans nos colombiers pour y surprendre sans défense nos poulets et nos pigeons, qu'il dévore.

TOURTERELLE.

Quoique naturellement sauvages, les Tourterelles s'élèvent dans nos volières comme les pigeons. La Tourterelle est le symbole de la fidélité. Il n'est pas rare de voir une Tourterelle mourir de chagrin lorsqu'elle a perdu son époux. Ces oiseaux ont aussi pour leurs petits un tendre attachement. Les Tourterelles aiment le silence et la fraîcheur des bois ; perchées sur les plus grands arbres, c'est de là qu'elles font entendre, par une espèce de roucoulement, ou leur bonheur ou leurs gémissemens.

VERDIER.

FAMILIER, vif et gai, le Verdier est aimé parce qu'il a un bon caractère. Il est de la grosseur d'un moineau; son plumage est d'un vert d'olive un peu cendré. Les Verdiers sont faciles à attraper; ils construisent leurs nids fort bas, dans les buissons, et le long des haies.

FIN.

www.ingramcontent.com/pod-product-compliance
Lightning Source LLC
Chambersburg PA
CBHW060956050426
42453CB00009B/1196